2
Bewahr die wehrte Statt und Land
MEMMINGEN
Generosis Perstrenuis Nobiliss. et Prudentissimis Dominis Consulibus Praturi et Senatoribus inclytae liberaeq. S. Rom. Imp. Civitatis Memmingensis Dominis ac Patronis suis summa veneratione et submissione prosequendis
16 97
J.M. Schickler delin. et sculps.
4
Darinn sich küssen ieder Zeit
f Spital Kirch
g Rathhaus
h Augustiner Closter
i Rossen thor
k Kalch Thor
l Nidergassen Thor
m Gottesacker

Memmingen

Fotos von Rudolf Lohberg
und anderen Fotografen

Herausgegeben von Curt Visel
Texte von Heimatpfleger Uli Braun

2000

MAXIMILIAN DIETRICH VERLAG

Foto-Nachweis: Die Fotos stammen von Rudolf Lohberg, mit Ausnahme von Seite 32 Foto Hoschka, Seite 47 Wilma Hohmann, Seiten 18, 19 und 48 Foto Kroll, Seite 28 Guido Mayr, Seiten 40, 49 und 50 Walter Saur. Die Übersetzung der Texte ins Englische besorgten Dr. Herbert Schallhammer und Robert Schams, ins Französische Frau Pierette Protz.

2. Auflage
ISBN 3-87164-133-2

Die Farbreproduktion fertigte die Firma H. u. W. Schwangart OHG, Kaufbeuren, die Schwarzweiß-Reproduktion der alten Stiche auf den Vorsätzen die MZ-Verlagsdruckerei GmbH, Memmingen, die auch die Gesamtherstellung besorgte.

Geleitwort

Die ehemals Freie Reichsstadt Memmingen will sich mit diesem Buch dem interessierten Betrachter und neugierigen Leser vorstellen und ihm einen ersten Eindruck ihrer Tradition und reichen Geschichte vermitteln. Es macht sicher den besonderen Reiz unserer Stadt aus, daß seit der Verleihung des Stadtrechtes am Ende des 12. Jahrhunderts und seit Anbeginn der Reichsstadtzeit im Jahre 1268 ein aufgeschlossener Bürgersinn viele steinerne Zeugnisse durch die Jahrhunderte hin geschaffen hat. Noch heute ist dieser bürgerschaftliche Geist spürbar und sichtbar in den vielen Toren und Türmen, den anheimelnden Plätzen und reizvollen Innenhöfen und dem gesamten kostbaren historischen Stadtbild, das über die Wirrnisse der Zeit, besonders auch dieses Jahrhunderts hinweg, erhalten werden konnte.

Dabei ist diese hochwertige Bausubstanz mit den romantischen Winkeln und mittelalterlichen Motiven nicht nur stilvolle Kulisse für althergebrachte Bürgerfeste und vielseitige kulturelle Veranstaltungen, sondern ein Stück erlebbarer und unverwechselbarer Heimat. Wie in alter Zeit, als Memminger Kaufleute bis weit über die Grenzen der Alten Welt hinaus Handel betrieben haben, ist Memmingen auch heute geschäftiger Mittelpunkt und Oberzentrum im westlichen Teil Bayerisch-Schwabens; eine Stadt, in der Handel und Wandel blühen, Industrie, Handwerk und Gewerbe erstklassige Waren produzieren und qualifizierte Leistungen anbieten.

Der vorliegende Bildband versteht es meisterhaft, dem Leser von nah und fern dieses Bild unserer Stadt als traditionsgebundenes und gleichzeitig weltoffenes Gemeinwesen zu vermitteln. Ich hoffe deshalb, daß dieses Buch – in zweiter, durch neue Bilder ergänzter Auflage vom Maximilian Dietrich Verlag herausgegeben – wiederum ein großer Erfolg wird und danke allen, die an diesem Werk mitgearbeitet haben. Möge es dem Besucher ein erstes Willkommen sein und schwäbische Lebensart zeigen, dem mit unserer Stadt Vertrauten mit dem Blick auf reizvolle Motive neue Anregungen geben und den Namen unserer Stadt weit über unsere engere Heimat hinaustragen.

Dr. Ivo Holzinger
Oberbürgermeister

Bilder aus und um Memmingen

Von Heimatpfleger Uli Braun

Die hohe Zeit der Medien ist angebrochen – so meinten wir vor einigen Jahrzehnten zu Beginn des Fernsehens, und man dachte, die Zeit des gedruckten Buches sei vorüber. Heute, angesichts der totalen Medienvermarktung, meinen wir dies wieder und fürchten um den Verlust des Buches und damit des Lesens überhaupt. Und wie ein Phoenix aus der Asche erhebt sich das Buch in all seinen wunderschönen Erscheinungsformen aus den Krakenarmen der Fernsehkanäle. Sie meinen, verehrter Leser, dies sei zu hoch gegriffen? Das Triumphgeheul der weltweit operierenden Medienmacher will uns eines anderen belehren – jedoch da sei Gutenberg davor! Obwohl man ihn dazu nicht mehr zitieren dürfte, weil sein Buchdruck durch moderne Drucktechniken mehr als überholt ist – er als Vater des Buchdrucks hat die Nase immer wieder vorne! Dies beweist allein das Erscheinen dieses Büchleins, wobei der Verlag ja einen großen Bildband bereits in der 2. Auflage herausgebracht hat. Also doch Faszination Buch?

Es ist freilich neben der immerwährenden Faszination, in einem Buch blättern zu können und sich eine Textzeile oder ein Bild, vielleicht sogar ein buntes Bild, zurückholen zu können, auch die tiefgehende Begeisterung für das Bild einer Stadt wie Memmingen. Dies hat Verleger und Autor sowie zwei Memminger Buchhändler überzeugt, einen handlichen Bildband über unsere Stadt herauszugeben, was durchaus auch wirtschaftliche Gründe hat – warum sollte man das nicht sagen? Der große Bildband ist vielen Lesern, die einfach Spaß am Lesen und Schauen haben, die vielleicht ein bescheidenes Geschenk machen wollen, zu groß. So entstand die Idee und letztlich auch der neue kleinere Bildband über Memmingen: Neu ist das Vorwort des ersten Bürgers unserer Stadt, und neu sind sowohl das Vorwort als auch alle Bildtexte, die

Pictures from and about Memmingen

by Uli Braun, Heimatpfleger

The great age of the media has dawned – so we believed at the beginning of television some decades ago – and many thought that the age of the printed book had passed. Today we think so again, in view of the total commercialization of the media, and we fear the loss of books and of reading in general. Yet, like a phoenix rising from the ashes, the book rises from the tentacles of a TV-channel octopus. Do you consider this, dear reader, an exaggeration? The triumphal cry of all the universally active media-makers seems to teach us otherwise, but Gutenberg was there before all! Though he might not be cited because his printing-press is now made obsolete by modern techniques, as the father of printing he points the way time and again. The publication of this book is evidence enough for that: the publisher has already produced the second edition of the large illustrated version. So – what is the fascination of the book?

Certainly it is always fascinating to leaf through a book and be able to recover a line of text or a picture, perhaps even a colorful picture, as well as to recall the deeply stirring enthusiasm evoked by pictures of a city like Memmingen. So the publisher and the author and two booksellers in Memmingen were persuaded to publish a handy, smaller illustrated book about our town. And, admittedly, there are commercial reasons as well.

The large illustrated version is too big for those readers who only want to enjoy reading and looking, or who perhaps wish to give it as a modest present. So, the idea of this new, smaller illustrated book was born. The Foreword by our town's first citizen is new, as are the preface and all captions, which briefly yet significantly explain the pictures and thereby some of the history of the town and its architecture. Rudolph Lohberg took most of the photographs, which give those who examine them

Photographies de Memmingen

par Uli Braun, employé à la conservation du patrimoine

Aux débuts de la télévision, il y a quelques décennies, nous pensions que nous étions entrés dans l'ère des médias et que le livre imprimé appartenait désormais au passé. Ces réflexions sont de nouveau actuelles, si nous considérons les progrès de la médiatisation de notre monde, et nous pouvons craindre la disparition du livre et de la lecture.

Toutefois, comme le phoenix renaissant de ses cendres, le livre réapparaît sous ses plus belles formes, malgré l'emprise tentaculaire de la télévision. »Vous pensez, cher lecteur, que tout cela est exagéré? Le succès des médias dans le monde entier nous prouve que non. Que Gutemberg nous vienne en aide«!

En fait, nous ne devrions pas l'invoquer car ses méthodes sont bien dépassées par celles de l'imprimerie moderne, mais il reste le père de l'imprimerie et son invention perdure. Nous lui devons donc la parution de ce petit livre, édité par une maison qui a déjà produit un grand livre de photographies dont il a été tiré deux éditions.

Le livre fascine donc encore?

A la fascination sans cesse renouvelée de feuilleter un livre, de retrouver une ligne du texte ou une image, s'ajoute celle de découvrir une ville comme Memmingen. C'est ce qui a convaincu l'éditeur, l'auteur et deux libraires de la ville de sortir un livre de photos d'un format maniable. S'y ajoutent des considérations économiques, pourquoi ne pas le dire, car le premier recueil était peut-être un peu trop volumineux. Voici pour l'origine de ce livre, plus petit, pratique et pouvent faire l'objet d'un modeste cadeau.

La préface du maire de Memmingen, l'avant-propos et les commentaires des photos sont nouveaux et donnent de façon divertissante de nombreuses informations sur l'histoire et l'architecture de cette ville.

La plupart des photos sont de Rudolf Lohberg

wie immer auf kurzweilige und trotzdem inhaltsreiche Weise über die Bilder und damit über die Geschichte dieser Stadt und ihrer Architektur informieren. Rudolf Lohberg hat die meisten Bilder gemacht und erschließt dem Leser und dem Bildbetrachter eine stadtinspirierte Schau Memminger Ansichten, die nicht alltäglich sind. Sie zeigen die Idylle der ehemaligen stolzen Reichsstadt und beweisen, daß die Zeit in dieser Idylle nicht stehengeblieben ist. Sie zeigen jedoch auch, daß diese Stadt auf ihre lange Geschichte nicht nur zurückschaut, sondern sie immer wieder zum Anlaß nimmt, aus ihr zu lernen und sie in eine bürgernahe Zukunft umzusetzen, ohne jedoch die Bürger zu vergessen, die jetzt in ihr wohnen.
Dieser Bildband soll dennoch kein Lehrbuch sein, sondern ein Buch zum Verlieben in diese Stadt Memmingen, die mit solchen Bildern zum Bleiben einlädt, als Gast oder als Bürger, und auch zum Freuen über eine Stadt, die in ihrem Erscheinungsbild zum Erleben schwäbischer Lebensart verhilft.

carefully many unusual views inspired by the town. These show the idyllic nature of the former proud imperial city and demonstrate that time has not remained trapped in that idyllic past, that Memmingen not only looks back upon its long history, but seeks to learn from it how to transform that past into a future which does not forget the citizens who live there.
Nevertheless, this picture-book should not be construed as a textbook, but as a book designed to make you fall in love with Memmingen. The photos invite you to stay here as a guest or as a citizen, and to rejoice in a town which helps you, through its appearance, to experience the Swabian style of life.

et proposent au lecteur des vues inhabituelles de la ville. Elles montrent l'idylle d'une ancienne ville impériale fière de son état et prouvent que le temps ne s'est pas arrêté, qu'elle ne vit pas uniquement de son long passé historique, mais qu'elle en a tiré des leçons pour l'avenir de ses citoyens.
Ce n'est pas un manuel d'enseignement mais c'est un livre qui rend amoureux de cette ville, qui donne envie de s'y attarder, en visiteur ou pour s'y établir, et d'apprécier la façon de vivre souabe.

Kupferstich / copperplate engraving / burin aus / from / de Matthäus Merian »Topographia Sueviae«, Frankfurt 1643

Zeittafel

Von Heimatpfleger Uli Braun

Nach 15 v. Chr. römische Besiedlung im Raum Memmingen; als Namen gelten Cassiliacum oder auch Viaca.

Im 3. Jh. n. Chr. wird Memmingen in die römische Westgrenzbefestigung einbezogen; Reste sind unter der St.-Martins-Kirche und im Dickenreis zu sehen.

Ab 400 n. Chr. Besiedlung duch die Alemannen; der Urort „Bei der Siedlung des Mammo" entsteht, vermutlich im Bereich von St. Martin.

Um 500 wird Memmingen fränkisch und Sitz eines Königshofes im Bereich Stadttheater-Frauenkirche.

In den folgenden Jahren Bildung des Ortes Mammingin, seit etwa 1000 in welfischem Besitz.

1128 Erste Nennung des Namens „Mammingin" in einer welfischen Urkunde für Ochsenhausen.

1142 Siegelt Heinrich der Löwe, Herzog von Bayern und Sachsen, in „Villa nostra Maemingen".

1191 Tod Herzog Welfs VI., des Gründers der Stadt Memmingen.
Übergang an die Staufer, hier an Konrad, den Bruder Kaiser Heinrichs VI., als den Herzog von Schwaben.

Bis **1268** erste Erweiterung nach Osten; Bebauung der Kalchstraße bis zum äußeren Kalchtor.

1268 Tod Konradins von Schwaben in Neapel, damit Rückfall der Stadt an das Reich.

1347 Erste Erwähnung eines Bürgermeisters neben dem Ammann.

1460 Geburt Bernhard Strigels, des berühmtesten Malers der Reichsstadt.

1478 Einrichtung einer Papiermühle durch Peter Fort.

1480 Einrichtung einer Druck-Offizin durch Albrecht Kunne aus Duderstadt; bis 1520 entstehen rd. 200 Drucke in Kunnes Offizin.

Bis **1495** letzte Erweiterung der Stadt im Norden bis zum Ulmer Tor.

Chronological table of Memmingen

assembled by Uli Braun, Heimatpfleger

After 15 B.C. Roman colonization in the area; the names are thought to have been Cassiliacum and/or Viaca. In the 3rd century A.D. the area is included in the fortification of the Roman western border; remains have been found under the Martinskirche and in the Dickenreis, south of Memmingen.

After 400 A.D. Settlement by the Alemanns; the original place "near the settlement of Mammo" comes into being, probably in the area of the Martinskirche.

About 500 A.D. Memmingen controlled by the Franks and the residence of a royal court in the area Theatre-Frauenkirche.

In the following years development of the settlement, after about 1000 in possession of the Welf dukes.

1128 "Mammingen" first mentioned in a Welf document for Ochsenhausen.

1142 Henry the Lion, Duke of Bavaria and Saxony, seals a document in "Villa nostra Maemingen."

1191 Death of duke Welf VI, traditional founder of the town Memmingen; transition to the Staufen dynasty, namely, to Conrad, Duke of Swabia and brother of Emperor Henry VI.

Up to **1268** First expansion eastward; housebuilding in the Kalchstrasse as far as the outer Kalchtor (Kalch Gate).

1268 Conradin of Swabia dies in Naples; Memmingen becomes unmediated property of the Empire.

1347 A Bürgermeister is mentioned, for the first time, as well as the Ammann.

1460 Birth of Bernhard Strigel, most famous painter of the Reichsstadt (Imperial City) Memmingen.

1478 Establishment of a paper mill by Peter Fort.

1480 Establishment of a printing-office by Alfred Kunne from Duderstadt. Kunne's press produced about 200 printings by 1520.

Tableau chronologique

composé par Uli Braun

An 15 avant Jésus Christ – colonie romaine sur l'emplacement actuel de Memmingen, du nom de Cassiliacum ou bien Viaca. Au 3ième siècle, Memmingen est intégrée dans les fortifications romaines ouest. Des vestiges se trouvent sous l'église St Martin et à Dickenreis; à partir de l'an 400 après J.C., colonisation par les Alémans. On suppose que le site initial, »la colonie de Mammo«, se trouvait sor l'emplacement de St Martin. Vers 500, c'est une cité franque, probablement le siège d'une cour royale, sur l'emplacement qui va du théâtre à la Frauenkirche, l'eglise Notre-Dame; dans les années qui suivent, fondation de »Mammingin«, qui appartient aux Guelfes depuis l'an 1000 environ.

1128 première apparition du nom de »Mammingin« sur un document guelfe pour Ochsenhausen.

1142 Heinrich der Löwe, Henri le Lion, duc de Bavière et de Souabe, appose son cachet dans la »Ville nostra Maemingen».

1191 Mort du duc Welf VI, le fondateur de Memmingen. Celle-ci tombe en la possession des Gibelins, et plus précisément de Conrad, duc de Souabe et frère de l'empereur Henri VI.

Jusqu'en **1268** la ville s'étend vers l'est; construction de la Kalchstraße jusqu'à la Kalchtor.

1268 mort de Conradin de Souabe à Naples; la ville revient à l'empire.

1347 pour la première fois, il est fait mention d'un maire au côté du bailli.

1460 naissance de Bernhard Strigel, le peintre le plus célèbre de la ville impériale.

1478 Peter Fort construit un moulin à papier.

1480 installation d'un atelier d'imprimerie par Albert Kunne, de Duderstadt; jusqu'en 1520, parution d'environ 200 ouvrages.

Jusqu'en **1495**, la ville s'étend au nord jusqu'à la porte d'Ulm.

1498 Gründung der „Großen Deutschen Kompagnie“ durch Konrad Vöhlin und Anton Welser; im Anschluß daran Unternehmungen nach Indien (1505) und Venezuela (seit 1529).
1513 Christoph Schappeler aus St. Gallen Prediger in der Vöhlin-Kapelle an St. Martin, allmählicher Beginn der Reformation, gefördert durch den Kürschner Sebastian Lotzer.
Seit **1524** Anwendung der neuen Lehre in den Kirchen der Stadt.
1525 Abfassung der „12 Bauernartikel“ in der Kramerzunft.
1530 Überreichung der „Confessio Tetrapolitana“ auf dem Reichstag in Augsburg zusammen mit Straßburg, Konstanz und Lindau.
1532 Beitritt zur Augsburger Konfession in Schweinfurt.
1536 Annahme der Wittenberger Concordia; Luthers Lehre in Memmingen voll anerkannt.
1552 Der Passauer Vertrag gesteht die freie Religionsausübung zu; durch den Augsburger Reichstag wird der Protestantismus zur endgültigen Religion der Reichsstadt Memmingen mit Ausnahme der drei Klöster der Kreuzherrn, der Augustiner und der Franziskanerinnen.
1630 9. Juni bis 3. Oktober Aufenthalt Wallensteins im Fuggerbau zu Memmingen. Chroniknachricht aus dieser Zeit: „In dieser Zeit ist Glück und Heyl gewest!“ Im August erhält Wallenstein hier die erste Nachricht von seiner Absetzung.
1632 4. Juni Aufenthalt des Schwedenkönigs Gustav Adolf im Fuggerbau.
1633 Belagerung der Stadt durch die Kaiserlichen und Einnahme.
1634 Belagerung der Stadt durch die Schweden; am Gründonnerstag Erstürmung durch die Truppen des Generals Horn.
1647 Belagerung der Stadt durch die Kaiserlichen und Einnahme.
1655 Allmählicher Aufschwung; Gründung des „Collegium musicum“ durch Dr. Christoph Schorer. Theaterspiel der um 1620 entstandenen Meistersingergesellschaft.

Up to **1495** Last expansion of the medieval town, northward to the Ulmer Tor.
1498 Foundation of Die große Deutsche Kompagnie (The Great German Company) by Conrad Vöhlin and Anton Welser; connections with enterprises to India (1505) and Venezuela (after 1529).
1513 Christoph Schappeler from St. Gall, preacher in the Vöhlin Chapel of the Martinskirche; gradual onset of the Reformation, promoted by the furrier Sebastian Lotzer.
From **1524** on Introduction of the new doctrine in the churches.
1525 Drafting of the “Twelve Articles” of the peasants in the Kramerzunft (Merchants Guild) with help of Sebastian Lotzer.
1530 Presentation of the Four-Cities Confession (Tetrapolitana) to the Reichstag in Augsburg by Memmingen, Strassburg, Constance and Lindau.
1532 Memmingen joins the Augsburg Confession in Schweinfurt.
1536 Acceptance of the Wittenberg Concord; Luther’s doctrine is fully recognized.
1552 the Treaty of Passau concedes freedom of worship; the Reichstag at Augsburg permits Protestantism to become the definitive religion of Reichsstadt Memmingen, except for three monasteries: the Kreuzherren, the Augustinian friars and the Franciscan sisters.
1630 Residence of Wallenstein in the Fuggerbau from June 9 to October 3. A chronicle notes: “These days have been happy and good ones.” In August Wallenstein receives first news of his removal as Imperial General.
1632 June 4 King Gustav Adolf of Sweden resides in the Fuggerbau.
1633 Siege and capture of the city by the Imperial army.
1634 Besieged by the Swedish army. On Maundy Thursday storming of the town by troops under General Horn.
1647 Siege and capture of the town by the Imperial army.
1655 Gradual improvement. Founding of the Collegium Musicum by Dr. Christop Schorer. Performances by the Meistersingergesellschaft, the Society of Master Singers.

1498 fondation de la Grande Compagnie Allemande par Konrad Vöhlin et Anton Welser, qui a permis d’installer des comptoirs en Inde et au Vénézuéla à partir de 1529.
1513 Christoph Schappeler, de St Gall, est prédicateur à la chapelle des Vöhlin, dans l’église St Martin. Débuts de la Réforme, encouragés par le pelletier Sebastian Lotzer.
à partir de **1524**, application de la nouvelle doctrine dans les églises de la ville.
1525 rédaction des 12 Articles des Paysans au siège de la corporation des boutiquiers.
1530 avec Strasbourg, Constance et Lindau, Memmingen rement au Reichstag, à Augsbourg, la »Confessio Tetrapolitana«.
1532 adhésion à la Confession d’Augsbourg, à Schweinfort.
1536 acceptation du Concordat de Wittenberg; la doctrine luthérienne est définitivement adoptée.
1552 le traité de Passau accorde la liberté du culte; le protestantisme devient la religion officielle de Memmingen à l’exception des trois monastères de l’Ordre du St Esprit, des Augustins et des Franciscaines; ratification par le Reichstag d’Augsbourg.
1630 du 9 juin au 3 octobre, séjour de Wallenstein dans le Fuggerbau. On peut lire dans les chroniques de l’époque: »cette période a été heureuse et prospère«. En août, il y reçoit l’annonce de sa destitution.
1632 4 juin: séjour du roi de Suède Gustave Adolphe au Fuggerbau.
1633 siège de la ville par les troupes impériales.
1634 siège et prise de la ville par les Suédois. Le jeudi saint, les troupes du général Horn donnent l’assaut à la ville.
1647 siège et prise de la ville par les troupes impériales.
1655 la ville prend un nouvel essor. Création du »colleguim musicum« par le docteur Christoph Schorer. Spectacle théâtral par l’association des maîtres-chanteurs vers 1620.
1702 siège et prise de la ville pendant la guerre de Succession d’Espagne par le Prince Electeur Max Emanuel. Construction d’une caserne sur l’emplacement de la Hohe Wacht.

1702 Belagerung der Stadt im Spanischen Erbfolgekrieg durch den bayer. Kurfürsten Max Emanuel und Einnahme; Bau der Kaserne an der Hohen Wacht.

1745-1796 Produktion von Fayencen in Künersberg und Memmingen.

1796 Zweiter Aufstieg eines Heißluftballons in Deutschland von Künersberg aus.

1802 Einmarsch baierischer Truppen und Inbesitznahme der Stadt durch das Kurfürstentum Baiern.

1862 Eröffnung der Bahnlinie Ulm – Memmingen – Kempten durch Finanzierung der Memminger Bürgerschaft.
Im gleichen Jahr werden Löb und Israel Einstein aus Osterberg als erste Juden in die Stadt Memmingen als Bürger aufgenommen; die israelitische Gemeinde nimmt bald einen großen Aufschwung.

Ab **1863** Sprengung des mittelalterlichen Mauerringes, besonders im Osten durch den Bahnbau, Abbruch von Kalchtor, Lindentor, Wasserturm und Notzentor.

1874 Eröffnung der Bahn nach Buchloe, die aber erst 1889 nach Leutkirch weitergeführt wird.

1899 Stadtmauerdurchbruch am Schweizerberg. Beginn der westlichen Bebauung der Stadt.

1933 9. März Hissen der Hakenkreuzfahne auf dem Rathaus und Übernahme der kommunalen Gewalt durch die NSDAP.

Ab **1935** Bau des Fliegerhorstes Memmingerberg.

1941 Einverleibung der Stadt in den Landkreis.

1944 Nach zahlreichen Angriffen auf den Fliegerhorst am 20. Juli erster Bombenangriff auf die Stadt, vornehmlich auf den Bahnhof, erfordert 49 Tote.

1945 Am 20. April zweiter großer Bombenangriff auf die Stadt, bei dem die östliche Stadt schwer getroffen wird. Der Angriff fordert rd. 200 Tote und 15 Prozent des Memminger Wohnraumes.
Am 26. April wird Memmingen von den Amerikanern eingenommen.

1948 Memmingen erhält seine Kreisfreiheit zurück.

1956 Instandsetzung und Neubelegung des Fliegerhorstes Memmingerberg durch die Bundesluftwaffe.

1702 Siege and capture of the city, during the War of the Spanish Succession, by Bavarian Electoral Prince Max Emanuel.

1745-1799 Production of faience in Künersberg and Memmingen.

1796 Balloon ascent in Künersberg, second in Germany.

1802 Entry of Bavarian troops and occupation of the city; Memmingen becomes part of Bavaria.

1862 Opening of the railway line Ulm – Memmingen – Kempten, financed by Memmingen citizens. In the same year Löb and Israel Einstein from Osterberg are admitted as the first Jewish citizens. The Israelite community soon increases rapidly.

Since **1863** Demolition of medieval walls, especially in the east, to clear a way for the railroad. The Kalchtor, Lindentor, Wasserturm and Notzentor are torn down.

1874 Opening of the rail line to Buchloe, not extended to Leutkirch until 1889.

1899 Piercing of the wall near the Schweizerberg and expansion of town to the west.

1933 March 9 Hoisting of the Swastika on the Rathaus. The Nazi Party takes over local authority.

Since **1935** Building of the Airbase Memmingerberg.

1941 The town is incorporated into the rural district (Landkreis).

1944 July 20 After numerous attacks on Airbase Memmingerberg, the first air raid on the town, chiefly on the railway station. 49 persons died.

1945 April 20 second big air raid, which heavily damaged the eastern sections. The attack kills 200 persons and destroys 15 percent of the city. On April 26 American troops occupy Memmingen.

1956 Airbase Memmingerberg is repaired and reoccupied; planes of the German Air Force are stationed there.

1972 Opening of the Autobahn from Memmingen to Altenstadt, thus connecting the city to the Autobahn network.
Definitive allocation of the Landkreis Unterallgäu and Memmingen to the Iller-Donau Region, which was extended to include them.

1745-1796 production de faiences à Künersberg et Memmingen.

1796 2ième ascension d'une mongolfière en Allemagne, depuis Künersberg.

1802 entrée des troupes bavaroises et prise de la ville par l'Electorat de Bavière.

1862 construction de la ligne de chemin de fer Ulm – Memmingen – Kempten financée par les habitants de Memmingen.
La même année, Löb et Israel Einstein, d'Osterberg, sont les premiers juifs à s'établir à Memmingen. La communauté juive prend bientôt une grande importance.

A partir de **1863** destruction de l'enceinte médiévale, en particulier à l'est, pour le chemin de fer, et des portes, Kalchtor, Lindentor, Wasserturm et Notzentor.

1874 construction de la ligne de chemin de fer jusqu'à Buchloe, et après 1889 seulement, jusqu'à Leutkirch.

1899 overture du mur d'enceinte au niveau du Schweizerberg et début de l'extension de la ville vers l'ouest.

1933 le 9 mars, le drapeau à croix gammée est hissé sur la mairie; prise du pouvoir communal par le NSDAP.

A partir de **1935**, construction de la base aérienne de Memmingerberg.

1941 incorporation de Memmingen à l'arrondissement.

1944 après de nombreux bombardements visant la base aérienne, premier bombardement sur la ville, le 20 juillet, principalement sur la gare; 40 personnes sont tuées.

1945 le 20 avril, deuxième bombardement; l'est de la ville est touché; le bombardement fait environ 200 victimes et 15% des habitations sont détruites; le 26 avril entrée des Américans à Memmingen.

1948 Memmingen redevient ville indépendante de l'arrondissement.

1956 remise en état de la base aérienne; l'armée de l'air s'y installe.

1972 ouverture de la portion d'autoroute Memmingen – Altenstadt et raccordement au réseau de la république fédérale; l'arrondissement de Unterallgäu et Memmingen font définitivement partie de la région Iller-Donau.

1972 Eröffnung des Autobahnstückes Memmingen – Altenstadt, damit Anschluß an das bundesdeutsche Autobahnnetz.
Endgültige Zuteilung des Landkreises Unterallgäu und der kreisfreien Stadt Memmingen zur grenzüberschreitenden Region Iller-Donau.
1981 Eröffnung des Zentralen Omnibusbahnhofes am Bahnhof.
1984 Einweihung der Stadthalle
1987 Das langumkämpfte Antonierhaus am Martin-Luther-Platz geht in städtische Hände über.
1992 Um- und Neubau des Stadtkrankenhauses zum Klinikum.
Nachbau des Barockbrunnens auf dem autofreien Marktplatz.
1993 Denkmal der Vertreibung an der Stadtmauer in der Grimmelschanze.
1994 Umbau der ehemaligen Hallhofschule für das Landgericht Memmingen.
1995 Staatsbesuch des Bayer. Ministerpräsidenten Dr. E. Stoiber in Memmingen.
Memmingen zählt 40481 Einwohner.
Das erweiterte Klinikum an der Bismarckstraße wird eingeweiht.
1996 Schließung des Memminger Schlachthofes von 1929 und Eröffnung eines neuen Privat-Schlachthofes im Amendinger Gewerbegebiet.
Abbruch des Kreiskrankenhauses an der Buxacher Straße und Wiederaufbau als Wohnpark für altersbetreutes Wohnen.
Eröffnung der neuen Elsbethenschule als Anbau an die Bismarckschule.
Festliche Einweihung des Antonierhauses als Bücherei und Museum.
1997 Einweihung der „Zangmeisterpassage“ und der Schelhorn'schen Kattunfabrik zwischen Stadthallenplatz und Zangmeisterstraße.
1998 Neugestaltung des Synagogen-Denkmals am Schweizerberg.
Neue Orgel in St. Martin, eine der größten Kirchenorgeln Bayerns.
1999 Einweihung des neuen Finanzamtes, Ecke Bodenseestraße/Kaisergraben.
Neues Parkhaus in der Steinbogenstraße.

1981 Opening of the central bus station near the railway station.
1984 Opening of the Stadthalle.
1987 The former Antonine monastery on the Martin-Luther-Platz becomes communal property.
1992 Reconstruction and new building of the Stadtkrankenhaus (hospital of the town), now called "Klinikum".
Reproduction of the baroque fountain on the market-place, clear of motor-vehicles.
1993 Memorial for the expellees on the townwall in the Grimmelschanze.
1994 Reconstruction of the former Hallhofschule (school) for the Landgericht Memmingen (Superior Court).
1995 Official visit of the Bavarian Prime Minister Dr. E. Stoiber to Memmingen.
Memmingen has 40.481 residents.
The newly enlarged hospital is dedicated.
1996 The slaughterhouse built in 1929 is closed and a new private slaughterhouse is opened in the nothern commercial area of the city (Amendingen).
The old country hospital in the Buxacher Straße is demolished and is replaced by residences for elderly people.
Opening of the new Elsbethenschule on the grounds of the Bismarckschule.
Festive opening of the former Antonine monastery as City Library and museum.
1997 Official opening of the "Zangmeisterpassage" (arcade) and the former Schelhorn'sche Kattunfabrik between the City Auditorium and Zangmeisterstraße.
1998 The synagogue memorial on Schweizerberg is redesigned.
A new organ, one of the largest organs in Bavaria, is installed in St. Martin's.
1999 Opening of the new tax office building at the corner of Bodenseestraße and Kaisergraben.
Completion of the new multistorey parking garage in the Steinbogenstraße.

1981 inauguration de la gare d'autobus.
1984 inauguration de la Stadthalle, salle polyvalente.
1987 après bien des difficultés, l'Antonierhaus, située sur la Martin-Luther-Platz, devient propriété de la ville.
1992 transformation et agrandissement de l'hôspital municipal; centre hospitalier.
Construction d'une fontaine baroque, d'après l'ancienne fontaine disparue, sur la place du Marché fermée à la circulation.
1993 monument aux Réfugiés, au pied du mur d'enceinte, dans la Grimmelschanze.
1994 transformation de l'ancienne école Hallhof pour le tribunal régional.
1995 Visite officielle du ministre-président de Bavière, docteur E. Stoiber, à Memmingen.
Memmingen compte 40481 habitants.
Inauguration des bâtiments agrandis du centre hospitalier de la Bismarckstrasse.
1996 Fermeture des abattoirs de la ville de Memmingen, construits en 1929, et inauguration d'un abattoir privé dans la zone industrielle d'Amendingen.
Démolition de l'hôpital du canton situé dans la Buxacher Strasse et construction d'une résidence pour personnes âgées.
Inauguration de la nouvelle Elsbethenschule, bâtiment additionnel à la Bismarckschule.
Inauguration solennelle de la Maison des Antonins transformée en bibliothèque et en musée.
1997 Inauguration du passage Zangmeister et de la fabrique de cotonnades Schelhorn entre la Stadthalle et la Zangmeisterstrasse.
1998 Transformation du monument commémoratif de la synagogue sur le Schweizerberg.
Nouvelles orgues de Saint Martin, comptant parmi les plus grandes orgues de Bavière.
1999 Inauguration de la nouvelle perception, au coin de la Bodenseestrasse et du Kaisergraben.
Nouveau parking dans la Bodenseestrasse.

Memminger Partnerschaften und befreundete Städte

Durch zahlreiche Partnerschaften und Beziehungen zu befreundeten Städten und Gemeinden hat sich die Stadt Memmingen mit Europa und der Welt verbunden – nicht umsonst kann sich Memmingen als Europastadt bezeichnen.
Bereits 1955 übernahm die Stadt die *Patenschaft* für die vertriebenen Bürger aus der sudetendeutschen *Stadt Freudenthal*, eine Verbindung, die sich vor allem durch das Heimatmuseum Freudenthal im Hermansbau dokumentiert.
Durch enge Beziehungen der Bundeswehr im Fliegerhorst Memmingerberg, der Heimstatt des JaboG 34 „Allgäu", zur Ausbildungsstätte Luke-Air-Base in Arizona, schloß die Stadt Memmingen 1976 eine *Partnerschaft* mit der Stadt *Glendale* bei Phönix/Arizona – USA.
Durch die Initiative eines italienischen Mitbürgers streckte man die Hand nach Italien aus und schloß 1981 eine *Partnerschaft* mit der mittelitalienischen *Provinz Teramo*, der 1986/87 die *Partnerschaft* mit der *Provinzhauptstadt Teramo* folgte.
1990 folgte die *Partnerschaft* mit der südfranzösischen *Stadt Auch/Dept. Gers*, die durch eine langjährige Schulverbindung des Bernhard-Strigel-Gymnasiums mit dem dortigen kirchlichen Gymnasium vorbereitet wurde; ebenfalls 1990 verband man sich auf Initiative des Landtagsabgeordneten Herbert Müller *partnerschaftlich* mit der *Lutherstadt Eisleben* in Sachsen-Anhalt.
Freundschaftliche Verbindungen pflegen die Stadt Memmingen, zahlreiche Vereine und viele Bürger der Stadt zu *Colmar/Elsaß in Frankreich*, zur Gemeinde *Litzelsdorf/Burgenland in Österreich*, zur *Stadt Kirjat Shmona in Israel*, zur *Stadt Karatas in der Türkei*, und zur *Stadt Tschernigow in der Ukraine*.
Die Fahne des Europarates im Sitzungssaal des Rathauses verdeutlicht das Anliegen der Stadt, in Frieden und Freiheit mit der Welt zu leben und diese Verbindungen zu engen zwischenmenschlichen Freundschaften zu benützen.

Memmingen's partner-towns and sister-cities

Memmingen is associated through numerous partnerships with Europe and the world. Not incorrectly may Memmingen be called a European city (Europastadt). Already in 1955 the city assumed the sponsorship of refugees from the Sudeten town Freudenthal, and this connection is carefully documented by the Freudenthal collection in the regional museum located in the Hermansbau.
Because the Bundeswehr group JaboG 34 „Allgäu" has close connections to its training site at Luke Air Force Base in Arizona, Memmingen became a partner of Glendale, a city near Phoenix, Arizona, in the USA.
Through the initiative of an Italian fellow-citizen our hand of fellowship was extended to Italy, and a partnership with the province of Teramo in central Italy was signed in 1981, followed by a partnership with its capital, Teramo, in 1986/7.
In 1990 followed a partnership with Auch (Dep. Gers) in southern France. It developed through a relationship over many years between our Bernhard-Strigel-Gymnasium and their ecclesiastical grammar school. Also in 1990 Memmingen contracted a partnership with the "Luther-City" Eisleben in Saxony-Anhalt, through the initiative of Herbert Müller, M. P.
The town of Memmingen, numerous associations and many individual citizens maintain friendly relations with Colmar/Alsace in France, with the municipality of Litzelsdorf/Burgenland in Austria, with the towns of Kirjat Shmona in Israel, Karatas in Turkey and Tchernigow in the Ukraine.
The flag of the European Council in the Conference Room of the Rathaus clearly expresses the desire of the town to live in peace and freedom with the world and to use the noted connections for developing friendly human relations.

Memmingen, ses jumelages et ses villes amies

Grâce à des jumelages et des contacts nombreux avec des villes et des communes amies, Memmingen a noué des liens avec l'Europe et le monde entier et on peut à juste titre la nommer ville européenne.
Dès 1955, Memmingen parrainait les réfugiés allemands de la ville de Freudenthal, dans les Sudètes. Cette relation est documentée au musée de Freudenthal, le Hermansbau.
Des relations étroites entre la base aérienne militaire de Memmingerberg, siège de l'escadrille de chasseurs 34 »Allgäu« et la base d'instruction Luke-Air-Base dans l'Arizona sont à l'origine du jumelage avec Glendale, près de Phoenix.
Puis c'est avec l'Italie que Memmingen a cherché à établir des contacts amicaux, sur l'initiative d'un concitoyen italien, et a conclu un jumelage, d'abord avec la province de Téramo, en Italie centrale, en 1981, ensuite avec la ville de Téramo, en 1986/87.
En 1990 a suivi le jumelage avec Auch, dans le département du Gers, au sud de la France, préparé par des relations de longue date entre le lycée B. Strigel et le lycée privé d'Auch; en 1990 enfin, sur l'initiative du député H. Müller, Memmingen s'est jumelé avec Eisleben, la ville natale de Luther, en Saxe Anhalt.
Plusieurs associations et de nombreux citoyens entretiennent des relations amicales avec Colmar, en Alsace, avec la commune de Litzelsdorf dans le Burgenland en Autriche, avec la ville de Kirjat Shmona en Israel, avec Karatas en Turquie et avec Tschernigow en Ukraine.
Le drapeau du Conseil de l'Europe, que l'on peut voir dans la salle de séances de la mairie, témoigne bien du désir de la ville de vivre sur une base de paix et de liberté avec le monde et de créer des liens d'amitié solides entre les peuples.

Blick vom neubarocken Marktbrunnen von 1993 über den Wochenmarkt zum St. Martinsturm hinauf – Wahrzeichen der Stadt Memmingen.

View from the reconstructed neo-baroque fountain of 1993 over the weekly market to the tower of the Martinskirche, the landmark of Memmingen.

Vue sur le marché et la tour de St Martin, emblème de la ville de Memmingen, depuis la fontaine néo-baroque qui date de 1993.

Die westliche Kalchstraße mit dem gewaltigen Dach der Elefanten-Apotheke; darüber ragt der elegante Kreuzherrnturm mit dem achteckigen Aufbau von 1618.

The western Kalchstrasse with the mighty roof of the Elefanten-Apotheke. Over that the elegant tower of the Kreuzherrn church, whose octagonal section dates from 1618.

La partie ouest de la Kalchstraße, avec le toit imposant de l'Elefantenapotheke, par-dessus lequel s'élève l'élégante tour de l'église du St Esprit, coiffée d'une construction octogonale datant de 1618.

Wochenmarkt zu Füßen von Steuerhaus und Rathaus, jenes in der neubarocken Bemalung von 1909, dieses im eleganten Rokokostuck von 1765.

The weekly market at the base of the Tax House, with its neo-baroque painting of 1909, and the Rathaus in its elegant rococo stucco of 1765.

Marché au pied de la Steuerhaus, avec ses peintures néo-baroques de 1909, et de la mairie, avec ses stucs rococo de 1765.

In der Ulmer Straße steht unter vielen gotischen Giebeln die vornehm barocke Fassade des Paris-Hauses von 1736, heute im Besitz der Memminger Wohnungsbau eG und 1980/83 vorbildlich saniert.

In the Ulmerstrasse the noble baroque façade of the Paris House of 1738 stands among many Gothic gables. The house now belongs to the Memminger Wohnungsbau; in 1980/83 it was renovated in exemplary fashion.

Parmi de nombreux pignons gothiques, se dresse l'élégante façade baroque de la maison de la famille Paris, qui date de 1736. C'est aujourd'hui la propriété de l'entreprise de construction de logements Wohnungsbau EG. Elle a été remarquablement bien restaurée entre 1980/1983.

Der prunkvolle Hermansbau von 1765 im Besitz der Familie von Wachter; heute beherbergt der Bau das Städt. Museum Memmingen mit großartigen Sammlungen zur Geschichte der Reichsstadt.

The splendid Hermansbau of 1765 is now owned by the von Wachter family. It houses the town museum of Memmingen, with splendid collections from the history of the Imperial City.

L'Hermansbau, cette somptueuse construction de 1765 qui appartient à la famille von Wachter, abrite le musée municipal, avec ses collections qui témoignent de l'histoire de la ville impériale.

Innenhof des Antonierhauses nach der Renovation von 1996 mit Blick zum Hauptportal. Das Ordenshaus der Antoniter ist das bedeutendste gotische Gebäude der Stadt und war bis 1562 das Spital gegen den Mutterkornbrand, einer der schrecklichsten Seuchen jener Zeit. Heute beherbergt das Haus das Antoniter- und das Strigel-Museum, den Antoniersaal, die Öffentliche Stadtbibliothek und einen gastronomischen Betrieb.

Inner yard of the Antonierhaus after the renovation in 1996 with the view of the main gateway entrance. The former Antonine monastery is the most remarkable Gothic building in town. It was used until 1562 as a hospital against "Saint Anthony's Fire", which was one of the most dreadful epidemic diseases of that time. Today the building complex houses the Antoniter Museum, the Strigel Museum, the Antoniersaal (auditorium), the public library and a café.

Cour intérieure de la Maison des Antonins après les travaux de rénovation de 1996 avec vue sur le portail principal. La maison de l'ordre est le monument gothique le plus important de la ville. Elle a servi d'hôpital jusqu'en 1562. On y soignait le Mal des Ardents ou Feu Sacré, l'un des terribles fléaux du Moyen-Age. Aujourd'hui elle abrite le musée des Antonins, le musée Strigel, la salle des Antonins, la bibliothèque municipale et un lieu de restauration.

Gewaltig streckt sich die Ostfassade des Antonierhauses zum Martin-Luther-Platz hin. Das unter das Dachgesims gerutschte Bogenfries markiert den Ansatz des Gebälks, und sichtbar wird der gotische Eingangsbogen in das Gebäude, über dem man in Ton das Wappen des Ordens und das Wappen des bedeutendsten Präzeptors des Klosters erkennt, des südfranzösischen Adeligen Petrus Mitte de Caprariis.

The east façade of the former Antonine monastery stands imposingly against the Martin-Luther-Platz. The arched frieze under the roof overhang marks the base of the timberwork. One can also see the arched Gothic doorway into the building, above which the coat of arms of the order and that of Petrus Mitte de Caprariis is located. He was a nobleman from South-France and the prominent preceptor of the monastery.

Sa façade sud, très imposante, s'étire vers la place Martin-Luther. La frise en arceaux sous la corniche du toit marque le début de la charpente. On peut voir la voute d'entrée gothique du bâtiment, au-dessus de laquelle on reconnaît les armes de l'ordre et celles du prieur le plus important du monastère, le noble originaire du Sud de la France, Petrus Mitte de Caprariis.

Der katzenkopfgepflasterte Weg führt auf dem Martin-Luther-Platz zum ehemaligen Hauptportal der evangelisch-lutherischen Kinderlehrkirche, ehemals die Klosterkirche St. Antonius der benachbarten Antoniermönche. Darauf deutet auch das Gemälde von Bernhard Strigel hin, das dieser als Stiftung 1520 gemalt hat.

The cobble pavement leads to the former main portal of the Lutheran Kinderlehrkirche, the former St. Anthony monastic church of the nearby Antonine monks. The painting by Bernhard Strigel, who painted it in 1516 as a gift, recalls its past.

Le chemin pavé mène à l'ancien portail principal de l'église luthérienne évangélique, la Kinderlehrkirche, jadis église du monastère des Antonins voisin. Ceci est documenté par la peinture, don du peintre Bernhard Strigel en 1520.

Blick aus der idyllischen Platzanlage des ehemaligen Kirchhofes über den Chor der Martinskirche von 1501 auf den St. Martinsturm mit dem Oktogon von 1537, früher Beginn der Barockarchitektur in Schwaben. Bis 1928 war das obere Achteck als Wachtturm in städtischem Besitz.

View from the idyllic grounds of the former churchyard over the choir (1501) of the Martinskirche to the Martin's tower with its octagon of 1537, an early example of baroque architecture in Swabia. The upper octagon was town property, used as a watch tower till 1928.

Vue sur le choeur de l'église St Martin, de 1501, et sur le clocher, avec son octogone datant de 1537, c'est-à-dire des débuts de l'architecture baroque en Souabe; au premier plan: un petit jardin public idyllique sur l'emplacement de l'ancien cimetière. Jusqu'en 1928, la partie octogonale était propriété de la ville et servait de tour de guet.

Die Innenseite des Ulmer Tores von 1445 zeigt in der Malerei von Eberle und Marschner den Einzug König Maximilians im Jahre 1489. Das schlanke gotische Torgebäude mit seinem Glockentürmchen ist das jüngste Tor der Stadtbefestigungen. Auf der linken Straßenseite mit seinen Vorkragungen das Grimmelhaus, seit 1977 das städtische Kulturhaus.

On the inner side of the Ulmer Tor (Gate) of 1445 the painting by Eberle and Marschner shows the entry of King Maximilian in 1489. The slender Gothic gate, with its small belfry is the most recent gate of the city's walls. On the left side of the street stands the Grimmel House, municipal culture-center since 1977.

La décoration picturale de la face interne de la porte d'Ulm, construite en 1445, représente l'entrée du roi Maximilien en 1489. Cette construction élancée, avec son petit clocher gothique, est la plus récente des portes du mur d'enceinte. Sur le côté gauche, la Grimmelhaus, siège d'institutions culturelles depuis 1977.

Memmingen war jahrhundertelang wirksam geschützt durch die rund 4 km lange Stadtmauer samt 37 Toren und Türmen. Fünf Tore und fünf Türme erinnern an diesen sicheren Schutz. Unser Blick geht auf den schiefen Hexenturm, einst auch Ehebrecherturm geheißen, einer der drei Gefängnistürme der Reichsstadt. Im Unterbau aus dem 13. Jahrhundert stammend, wurde der Turm im 15. Jahrhundert gotisch verändert und erhöht. Die vergitterten Fenster deuten die Stelle des Kerkers an.

Memmingen was protected for centuries by its wall, 4 km long with 37 gates and towers. 5 gates and 5 towers still remind of this secure protection. We see the leaning Hexenturm (Witches' Tower), once called the adulterers' tower, one of three prison towers in the Imperial City. The foundation is 13th century, but in the 15th century the tower was extended and built in Gothic style. The barred windows locate the former jail.

Memmingen a été protégée pendant des siècles par 4 km de mur d'enceinte, 37 portes et tours. Il ne reste plus que 5 portes et 5 tours. Cette vue part de la tour penchée »des Sorcières«, appelée aussi tour »des Gens adultères«, l'une des 3 prisons de la ville impériale; les soubassements sont du 13ième siècle; transformations et agrandissement dans le style gothique au 15ième siècle; les fenêtres à barreaux indiquent l'emplacement du cachot.

Die Umwehrung der Ulmer Vorstadt ist fast vollständig erhalten. Hier geht der Blick auf den spitzen Betelturm von 1471, im 19. Jahrhundert auch das Armenhaus der Stadt.

The walls of the Ulmer Vorstadt (suburb) are almost completely preserved. The view is of the pointed Betelturm (Beggars' Tower) of 1471, as the tile on it says, which was the municipal poorhouse in the 19th century.

Les fortifications de la ville de Memmingen, appeleé aussi »faubourgs d'Ulm«, Ulmer Vorstadt, sont presque entièrement conservés; vue sur la tour pointue »des Mendiants«, construite en 1471 et qui servait d'asile pour les indigents au 19ième siècle.

Das schönste Tor der Stadt ist der gotische Einlaß von 1475. Durch dieses Tor konnte man gegen Gebühr auch nachts in die Stadt gelangen.

The city's most beautiful gate ist the Gothic Einlass of 1475. One could enter the city through this gate even at night, for a fee.

Der Einlaß, de style gothique, est la plus belle porte de la ville; elle date de 1475; par cette porte on pouvait accéder à la ville pendant la nuit, moyennant finance.

Vor den Stadtmauern verhinderten breite Gräben und hohe Wälle eine feindliche Annäherung. Diese Schanzen hatten bis 1805, dem Jahr der letzten Belagerung, Bestand. Hier geht der Blick über die Grünflächen der Grimmelschanze zum Schwalbenschwanzturm. Die Grimmelschanze war im 30jährigen Krieg die stärkste Befestigung der Reichsstadt.

In front of the walls broad moats and high bulwarks prevented the enemy's approach. These entrenchments existed till the last siege in 1805. Here we see the green lawns of the Schwalbenschwanzturm (swallow-tail tower) and the Grimmelschanze (entrenchment), the strongest fortification of the Imperial City in the Thirty Years' War (1618-1648).

De larges fossés et de hautes levées de terre devant le mur d'enceinte protégeaient la ville contre les assauts ennemis, le dernier en 1805; vue sur l'îlot de verdure de la Grimmelschanze et la Schwalbenschwanzturm; cet emplacement était le point le mieux fortifié de la ville impériale.

Die Weite der Grimmelschanze; der Blick weist über die wiederaufgebaute Stadtmauer zum St. Martinsturm. Links die geradezu leichtfüßige Holz- und Glasfassade der Stadthalle, 1984 eingeweiht.

The expanse of the Grimmelschanze, with the St. Martin tower seen over the reconstructed wall. On the left the wood and glass façade of the Stadthalle (festival hall), opened 1984.

Vue sur la Grimmelschanze, sur la partie du mur reconstruite, jusqu'à la tour de St Martin, avec à gauche l'élégante construction de bois et de verre de la Stadthalle, inaugurée en 1984.

In den letzten Jahren wurde das verwinkelte Altstadtquartier zwischen Zangmeisterstraße und Stadthallenplatz durch die Siebendächer-Wohnungsbau eG entkernt und in eine mittlerweile gut angenommene Ladenpassage umgewandelt. Sie läßt auch die Rokokofassade der ehemaligen Schelhorn'schen Kattunfabrik sichtbar werden, eine der ersten Industriebauten der Reichsstadt.

In the last years the old quarter full of entangled corners between Zangmeisterstraße and Stadthallenplatz was gutted by Siebendächer Wohnungsbau eG and has been transformed into an arcade, which has become very popular. Also visible is the rococo façade of the former Schelhorn'sche Kattunfabrik, which was one of the first industrial buildings in Memmingen.

Ces dernières années le quartier tortueux de la vieille ville entre la Zangmeisterstrasse et la place de la Stadthalle a été restructuré par la société de construction Siebendächer et transformé en une galerie marchande qui attire beaucoup de monde. Elle libère la vue sur la façade rococo de l'ancienne manufacture de cotonnades Schelhorn, l'un des premiers bâtiments industriels de la ville impériale.

Der Theaterplatz ist ein beliebter Treffpunkt für alt und jung, und die Memminger sind stolz auf ihr Theater. Unser Blick geht auf die neubarocke Fassade des Stadttheaters von 1905 mit dem Stadtwappen im Mittelrisalit. Das Gebäude war einstmals Zehntstadel des benachbarten Elsbethenklosters, dann reichsstädtisches Zeughaus bis 1796, seit 1802 Theater. Das Theaterfoyer wurde im Jahre 1974 errichtet. Das Memminger Stadttheater ist heute Sitz des Landestheaters Schwaben.

The Theaterplatz is a popular meeting-place for old and young. Memmingers are proud of their theatre. This view looks to the theatre's neobaroque façade of 1905 with the city coat of arms in the center. The building was originally the Zehntstadel (storehouse for tithes) of the neighboring Elisabeth Convent, then municipal arsenal till 1796, theatre since 1802. The foyer was erected in 1974. The Landestheater Schwaben (Swabian Provincial Theatre) is now located here.

La place du théâtre est un lieu de rencontre très apprécié des jeunes et des moins jeunes et les habitants de Memmingen sont fiers de leur théâtre; vue sur la façade néo-baroque datant de 1905, ornée des armes de la ville; ce bâtiment était jadis la grange du couvent des Elsbethen, puis devint l'arsenal de la ville impériale et le resta jusqu'en 1796; théâtre depuis 1802, c'est aujourd'hui le siège du »Landestheater Schwaben«; le foyer a été construit en 1974.

In der Unteren Bachgasse bildet das Ensemble um die Weinstube „Weber am Bach“ einen städtebaulichen Höhepunkt. Das stattliche Gebäude war ehemals reichsstädtische Badestube, beherbergte die Lateinschule und war dann bis zum Ende der Reichsstadt der Almoskasten, die soziale Anlaufstelle für verarmte reichsstädtische Bürger. Seit der Mitte des letzten Jahrhunderts genießen die Memminger bei den „Drei Mohren“, wie die Weingaststätte einstmals hieß, ihren Schoppen Wein in bürgerlich-gemütlicher Atmosphäre.

The ensemble round the wine-tavern “Weber am Bach” is the climax of town-planning. The handsome building was once the bathing house for the Reichsstadt, later the Latin School, and afterwards the Alms’-Chest – the welfare centre for needy citizens up to the end of the Reichsstadt. Since the mid-19th century the citizens of Memmingen enjoy their glass of wine in the “Drei Mohren”, as the tavern was once called. They do so in a homey and cosy atmosphere.

La »taverne« Weber am Bach et les édifices qui l’entourent, dans la Untere Bachgasse, forment un très bel ensemble architectural. Ce bâtiment imposant était l’établissement de bains publics de la ville impériale avant de devenir une école dont l’enseignement était dispensé en latin, puis l’Almoskasten, une institution pour aider les citoyens dans le besoin, jusqu’à ce que Memmingen cesse d’être ville impériale. Depuis le milieu du siècle dernier les »Memmingeois« peuvent déguster du vin dans cette »Weinstube« à l’atmosphère bourgeoise qui s’appelait précédemment »aux 3 Maures«.

Schloßartig ragt am Schweizer Berg der Fuggerbau über die umliegenden Bürgerhäuser hinaus. Bis 1599 als fuggerische Faktorei von Jakob II. Fugger errichtet, beherbergte das massige Gebäude zahlreiche bedeutende Zeitgenossen wie 1630 Wallenstein, 1632 Gustav Adolf von Schweden und 1703 den bayerischen Kurfürsten Max Emanuel. Seit Ende des 18. Jahrhunderts in bürgerlichem Privatbesitz.

The Fuggerbau looms like a castle over the surrounding houses. Built by Jacob II Fugger until 1599 as a trading-post of the Fugger Company, the large building housed numerous important figures, such as Wallenstein (1630), Gustav Adolf of Sweden (1632) and the Bavarian Electoral Prince Max Emanuel (1703). Since the end of the 18th century it is private property.

Le Fuggerbau domine toutes les maisons bourgeoises du Schweizerberg. Fondé par Jakob Fugger le deuxième, ce fut une factorerie jusqu'en 1599. Il a abrité un grand nombre de personnages importants tels que Wallenstein, en 1630, Gustave Adolf de Suède, en 1632, et l'Electeur Max Emanuel en 1703. C'est une propriété privée depuis le fin du 18ième siècle.

Nach Osten schließt das stattliche Giebelbauwerk der Kramerzunft den Roßmarkt ab. Es war dies eines der 12 Zunfthäuser in der Reichsstadt; als Kramer würde man heute generell den Mittelstand bezeichnen. Einstmals im Besitz der Malerfamilie Strigel, gehörte es von 1479 bis 1837 der Kramerzunft. Hier musizierte auch das Collegium Musicum, und hier ereignete sich Weltgeschichtliches: am 6. und 7. März 1525 tagten die Delegationen der aufständischen Bauern und legten die berühmten 12 Artikel der Bauern als ideologische Grundlage des Deutschen Bauernkrieges nieder.

The building with the stately gable of the "Kramerzunft" closes the Roßmarkt to the east. It was one of the 12 guildhalls in the Reichsstadt. Today we would characterize the "Kramer" as middle-class. Once owned by the painter-family Strigel, it became the property of the Kramerzunft from 1479 to 1837. Here the Collegium Musicum performed and here occurred an event of great importance: On March, 6th and 7th, 1525, delegations of rebellious peasants met and created the famous Peasants' "Twelve Articles" as an ideological basis for the Peasants' War.

La maison à pignon de la corporation des petits commerçants ferme le Roßmarkt, le Marché aux Chevaux, vers le sud. C'était l'une des 12 maisons des corporations de la ville. D'abord propriété de la famille des peintres Strigel, elle a appartenu à la corporation de 1479 à 1837. Le Collegium Musicum y a donné des représentations et elle a été le cadre d'un important évènement historique, puisque les 6 et 7 mars 1525, les délégués des paysans insurgés y ont siégé pour consigner les 12 articles qui servaient de fondement idéologique à la Guerre des Paysans.

Ein weiteres Zunfthaus am Weinmarkt zeigt die Bedeutung des Zunfthandwerkes in Memmingen: es ist das Weberzunfthaus, seit der Mitte des 15. Jahrhunderts bis 1803 im Besitz der Weberzunft, der zahlenmäßig stärksten Zunft im Gefüge der reichsstädtischen Gewerbe- und Sozialordnung. Der gewaltige Fachwerkgiebel nach Süden ist eines der bedeutendsten Denkmale der Fachwerkarchitektur in Memmingen.

Another guildhall on the Weinmarkt shows the importance of the craft-guilds in Memmingen. It was the (weavers')guild-hall from the mid-15th century to 1803. The weavers' guild was the largest and most important element in the industrial and social structure of the Reichsstadt. The mighty gable to the south is one of the most significant monuments of Fachwerk architecture in Memmingen.

La maison des Tisserands témoigne elle aussi de l'importance des corporations à Memmingen. Elle a appartenu à la corporation du milieu du 15ième siècle jusqu'en 1803. C'était du reste la corporation qui regroupait le plus grand nombre d'artisans. Avec son pignon orienté vers le sud, c'est l'un des plus beaux édifices à colombages de la ville.

Mächtige Giebelhäuser beherrschen das Straßenbild der Stadt. Der gotisch-schwäbische Giebel ist das Hauptkennzeichen der Memminger Stadtarchitektur, wie die Giebelhäuser in der Kramerstraße verdeutlichen. In der Mitte das Haus „Hermann zum Widder“ mit Zierfachwerk und dem „Laufenden Mann“ im Giebel.

Huge buildings with gables dominate the street scenes. The Gothic-Swabian gable is the main characteristic of Memmingen’s architecture, as these gabled houses in the Kramerstrasse show. In the middle the “Hermann zum Widder” house, with ornamental Fachwerk and the “Laufender Mann” in the gable.

D’imposantes maisons à pignon dominent l’image de la ville; le pignon gothique souabe est l’élément le plus représenté dans l’architecture de Memmingen, comme le montrent les maisons de la Kramerstraße; au milieu, la maison »Hermann zum Widder«, Hermann au bélier, rehaussée par des colombages et le »Laufender Mann« sur le pignon.

Die Kramerstraße beherbergt als eine der Hauptgeschäftsstraßen stattliche Häuser; im Bild der gewaltige Renaissancegiebel der Einhorn-Apotheke, seit 1564 als Apotheke bekannt und damit die älteste Apotheke in Memmingen.

The Kramerstrasse, one of the main shopping streets, contains handsome houses. Here, the mighty Renaissance gable of the Einhorn Apotheke, the oldest pharmacy in Memmingen (since 1564).

La Kramerstraße, l'une des principales rues commerçantes, est bordée de maisons imposantes; photo du pignon renaissance de la Einhornapotheke, la pharmacie de la Licorne, la plus vieille pharmacie de Memmingen, qui date de 1564.

Drei Salzstädel belegten die Bedeutung des Salzhandels für Memmingen. Zwei dieser Gebäude haben die Zeiten überlebt; im Bild der Große Salzstadel, errichtet in den Jahren 1470/74, seit 1872 in Privatbesitz. Im Obergeschoß war das Theater der Memminger Meistersingergesellschaft untergebracht.

Three Salzstadel (salt depots) marked the importance of the salt trade for Memmingen. Two of these buildings have endured. Pictured is the Great Salzstadel, built 1470/74, since 1872 privately owned. The theatre of the Meistersingergesellschaft (Company of Master Singers) was on the second story.

Trois entrepôts à sel témoignaient de l'importance du commerce du sel à Memmingen; deux de ces bâtiments existent encore; photo du grand entrepôt, construit de 1470 à 1474, et propriété privée depuis 1872; l'étage supérieur abritait le théâtre de l'association des maîtres chanteurs de Memmingen.

Blick aus dem Reichshain, dem einstigen breiten Südgraben der Reichsstadt, auf den Frauenkirchturm mit der kecken Laterne auf dem viergiebeligen Abschluß, im 30jährigen Krieg anstelle einer hohen Spitze errichtet.

A view from the Reichshain, the former broad moat in the south, to the tower of the Frauenkirche with its saucy lantern on the four-gabled roof, erected in the Thirty Years' War in place of a high spire.

Vue depuis le Reichshain, l'ancien fossé sud de la ville impériale, sur le clocher de l'église Notre-Dame, dont la construction à 4 pignons se termine par un clocheton datant d'avant la Guerre de Trente Ans (1618-1648).

Der von August Schwingenstein im Jahre 1954 gestiftete Fischerbrunnen auf dem Schrannenplatz steht am Fischertag im Mittelpunkt des Interesses. Der Entwurf der Schalen stammt von Kunstmaler Fritz Hail, die Figur des Stadtbachfischers wurde von Bildhauer Max Pöppel geformt.

Fishermen's Fountain on the Schrannenplatz, donated by August Schwingenstein in 1954, is a center of interest on Fischertag (Fishermen's Day). The basins were designed by Fritz Hail, painter; the figure of the fischerman was sculpted by Max Pöppel.

La fontaine du Pêcheur, sur la Schrannenplatz, a été offerte à la ville en 1954 par August Schwingenstein et mérite tout notre intérêt; le bassin a été exécuté d'après les plans du peintre Fritz Hail et le pêcheur est l'œuvre du sculpteur Max Pöppel.

Ende Juli ist alljährlich der Memminger Fischertag, ein uraltes Fest zur Bachreinigung, bei dem, seit 1572 belegt, Memminger Bürger den Stadtbach ausfischen. Unser Bild zeigt das Treiben in der Hirschgasse, nachdem mit dem Böllerschuß um acht Uhr und mit dem Schmotzlied die Bürger in den Bach gejuckt sind und nun mit dem Bären, dem Gabelnetz, Jagd auf die Forellen machen.

The Memminger Fischertag, held each year at the end of July, is an ancient festival documented since 1572, when citizens fish out and clean the Stadtbach. Shown are the activities in the Hirschgasse as the fishers jump into the brook at 8 o'clock, after a signal made by firing a small mortar. They chase the trout with a special forked net.

Chaque année, à la fin du mois de juillet, Memmingen fête le »jour des pêcheurs«, tradition très ancienne qui remonte à 1572, à l'occasion du nettoyage du ruisseau; le ruisseau est vidé de ses poissons. Sur la photo on peut voir la Hirschgasse après le coup de canon qui retentit à huit heures précises pour autoriser les habitants à sauter dans le ruisseau et à donner la chasse aux truites avec leur filet appelé »ours«, tout en chantant une chanson populaire typique, le »Schmotzlied«.

Alle vier Jahre zieht der kaiserliche Generalissimus Wallenstein in die Stadt Memmingen ein, wie er es im Mai 1630 getan hat. Bis September dieses Jahres hat er im Fuggerbau residiert, an dem gerade beim Wallensteinspiel die Pikeniere vorbeiziehen. Sebastian Dochtermann hat dies in seiner Chronik geschildert: „In der Zeit, in der der Herzog in der Stadt gelegen, ist Glück und Heyl gewest." Dieses Glück und Heil spielen die Memminger im Wallensteinfest nach – eine Stadt erlebt Geschichte!

Every four years Imperial General Wallenstein re-enters Memmingen as he did in May 1630. Until September of that year he resided in the Fuggerbau. Here his pikemen pass that building during a reenactment of Wallenstein's entry. Sebastian Dochtermann wrote in his chronicle: "When the Duke was in the town the days were happy and good." The happy and good days are portrayed in the great Wallenstein Festival – a town experiences history!

Tous les quatre ans, le généralissime Wallenstein, au service de l'empereur, entre dans Memmingen, comme il l'a fait en mai 1630. Il a résidé de mai à septembre 1630 dans le Fuggerbau, ce bâtiment devant lequel on peut voir les piquiers défiler. Le chroniqueur Sebastian Dochter a relaté: »pendant toute la durée du séjour du duc, la ville a connu le bonheur et la prospérité«. Les »Memmingeois« rejouent cet épisode de leur histoire.

Für die Kinder der Memminger Grundschulen steht das Kinderfest im Mittelpunkt des Jahres. Nach dem 30jährigen Krieg als Lob- und Dankfest begründet, markiert es heute mit fröhlichem Gesang auf dem Marktplatz und mit festlichem Umzug das Schuljahresende. Der große Memminger Mau, dieses köstliche Symbol der Memminger Selbstverspottung, bildet mit den Maububen das Ende des Festzuges.

The Children's Festival is the highlight of the year for Memmingen's elementary-school children. Established as a festival of praise and thanks after the Thirty Years' War, nowadays it marks the end of the school year with joyful singing on the market place and a colorful parade. The big Memminger Mau (Moon), our delightful symbol of self-derision, ends the parade with the "Mau-boys".

Pour les enfants des écoles primaires, la Kinderfest, la fête des enfants, représente un des grands évènements de l'année. Instaurée après la guerre de Trente Ans comme action de grâces, elle marque aujourd'hui la fin de l'année scolaire avec ses chants joyeux et son défilé. La grande lune de Memmingen, charmant symbole du sens de la dérision de soi, ferme le défilé.

Die Westseite der Stadt wird heute noch von Toren bewacht; hier das Lindauer Tor von 1371. Die fast gemütliche Gartenhausform erhielt es nach den Zerstörungen des 30jährigen Krieges. Unter den Fensterläden mit den Stadtfarben und zwischen den Zugbrückenschlitzen der doppelköpfige Reichsadler mit dem habsburgischen und dem burgundischen Wappen auf der Brust, in den scharf bewehrten Fängen jeweils das Stadtwappen.

The west side of the town is even now guarded by the gates: here the Lindauer Tor (1371). It received its almost genial form of a summer-house after the destruction of the Thirty Years War. Under the window-shutters are the colours of the town and between the slits of the drawbridge is the double-headed Imperial eagle with the Hapsburg and Burgundian coats of arms on its breast and the city's coat of arms in its sharp claws.

La partie ouest de la ville est, aujourd'hui encore, gardée par des portes; ici, la porte de Lindau, qui date de 1371; elle a reçu cet aspect agréable de pavillon après les destructions causées par la guerre de Trente Ans. Sous les volets peints aux couleurs de la ville et entre les fentes pour le pont-levis on peut voir l'aigle d'empire à double tête avec les armes des Habsbourg et des Bourgondes sur la poitrine, tenant dans ses serres les armes de la ville.

Einen weiteren Stadtausgang nach Westen bildet seit dem 12. Jahrhundert das Westertor, der achteckige Oberbau ebenfalls nach dem 30jährigen Krieg aufgesetzt. Die beiden evangelischen Pfarrhäuser auf der linken Seite bilden mit dem großen Färberhaus und dem renovierten Bessererhaus auf der rechten Straßenseite ein platzartiges Forum, bevor die Zangmeisterstraße die Stadt durch den welfisch-staufischen Torbogen des Westertores verläßt.

Another exit to the west, since the 12th century, is the Westertor. Its octagonal structure too was erected after the Thirty Years' War. The two Protestant parsonages on the left, with the big Färberhaus (dyers' guild-hall) and the renovated Bessererhaus on the right side of the street, create a square-like forum before the Zangmeisterstrasse leaves the town through the Welf-Staufen arch of the Westertor.

La Westertor ouvre la deuxième sortie vers l'ouest depuis le 12ième siècle. Elle a été, elle aussi, coiffée d'un octogone après la guerre de Trente Ans. La Zangmeisterstraße, avec ses deux presbytères sur la gauche, la maison des Teinturiers et la Bessererhaus à droite, forme une sorte de forum avant de quitter la ville par la porte voutée des Guelfes et des Gibelins.

Der Kasernen- oder Soldatenturm an der südwestlichen Stadtmauer. Ein gebrannter Ziegel gibt die Jahreszahl 1526 an. Vor Mauer und Turm ist noch der gewaltige Stadtgraben an der Hohen Wacht erhalten und den Kindern dieses Viertels wunderbarer Spielplatz – hier haben sich die Zeiten großartig geändert!

The Kasernen- or Soldatenturm (Barracks or Soldiers Tower) on the southwest town wall. A tile gives the date: 1526. In front of wall and town the great moat at the Hohe Wacht (High Watch) is preserved as a wonderful play-ground for the children of this quarter. Here the times have changed splendidly!

La tour des Casernes ou tour des Soldats sur la partie sud-ouest du mur; sur une brique on peut lire la date de 1526; une partie du fossé a été conservée jusqu'à nos jours, (Hohe Wacht), et sert de terrain de jeux aux enfants du quartier. Les temps ont bien changé!

Der Kasernenturm von der Stadtseite her gesehen; zu seinen Füßen lagert sich breit die sogenannte Rote Kaserne, als bayerische Soldatenherberge nach der Eroberung der Stadt durch Kurfürst Max Emanuel 1702 errichtet. So erklärt sich der Name des Turmes – eine Spitzwegidylle an der Stadtmauer!

The Kasernenturm from inside the town. At its base the so-called Red Barracks, built as lodging for Bavarian soldiers after the capture of the town by Elector Max Emanuel in 1702, so the tower's name is self-explanatory. An idyll near the town wall!

La tour des Casernes vue depuis la ville; à ses pieds, la Caserne Rouge, construite après la conquête de la ville par l'Electeur Max Emanuel en 1702; une idylle à la Spitzweg le long des fortifications.

Fachwerkfassaden sind rar in Memmingen; das zumeist einfache Architekturfachwerk wurde verputzt. Nur bei besonders markanten Häusern galt das elegante Zierfachwerk als Ausweis der Hausbedeutung. So gesehen am Siebendächerhaus von 1601, eine Gemeinschaftseinrichtung der Reichsstadt für die Memminger Gerber. Über dem schwäbischen Bogenfries erhebt sich das Gefache mit der Holzform des „Laufenden Mannes“. Nach Bombenzerstörungen 1945 wieder durch die Siebendächer-Baugenossenschaft errichtet. Die hohe Dachanlage mit den offenen Luken bot Platz zum Trocknen der gegerbten Felle.

Fachwerk façades are rare in Memmingen: the mostly plain architectural framework was plastered over. Only especially significant houses used the ornamental framework as a sign of importance, as here on the Siebendächerhaus (seven-roofed house) of 1601 built by the community for the dyers. Over the Swabian arched frieze appears the wooden form of the “Laufender Mann”. After being destroyed by bombs in 1945 it was reconstructed by the Siebendächer-Baugenossenschaft. The high roof with open dormer windows gave space for drying tanned hides.

Les maisons à colombages sont rares à Memmingen; la plupart des maisons présentent des ossatures en bois simples, recouvertes d'enduit; seules quelques maisons ont reçu une ossature apparente, en signe de leur importance; la maison aux Sept Toits, qui date de 1601 et a été construite pour les tanneurs de la ville impériale en est un exemple; au-dessus de la frise en arceaux, typique de la Souabe, les colombages ont la forme du »laufenden Mannes«. Après sa destruction lors du bombardement de 1945, elle a été reconstruite par la Siebendächerbaugenossenschaft. Les combles, avec leurs ouvertures, permettaient de faire sécher les peaux tannées.

Am südlichen Ende der Weberstraße, abgesondert von der übrigen bürgerlichen Gesellschaft, steht das ehemalige reichsstädtische Frauenhaus, bis zur Reformation eine wichtige Sozialeinrichtung der Stadt. Genauso „unehrlich“ wie die Hübschlerinnen, so wurden die Bewohnerinnen des Hauses genannt, war der Scharfrichter, dessen Haus sich dahinter erhebt.

At the southern end of the Weberstrasse stands the former Frauenhaus (women's house), separated from the rest of the community, an important social establishment of the city until the Reformation. Like these Hübschlerinnen (pretty women), as the residents were called, the executioner, whose house rises behind theirs, was deemed "dishonorable".

A l'extrémité sud de la Weberstraße (rue des Tisserands), à l'écart des bourgeois, se dresse l'ancienne maison de tolérance de la ville impériale, qui a joué jusqu'à la Réforme, un rôle important dans la vie sociale de la cité. Le locataire de la maison à l'arrière était aussi »peu honnête« que les »belles« de la maison voisine, puisque c'était le bourreau.

Die Landesgartenschau 2000 hat für die Stadt die Chance gebracht, das brachliegende Gelände der ehemaligen Naherholungslandschaft „In der Neuen Welt“ in eine Parklandschaft zu verwandeln, die noch lange Bestand haben wird. Unser Blick geht über die neugeschaffene Seenlandschaft zur Autobahnbrücke, die in ihrer trennenden wie auch verbindenden Situation das Motto dieser Landesgartenschau verkörpert: „Wege in die Zukunft“.

A good opportunity was given Memmingen by the Landesgartenschau 2000 (Horticultural Show). The recreational area "In der Neuen Welt", unused for a long time, was transformed into a park, which will be enjoyed now and in the years to come. Our view stretches over the newly built lake towards the motorway bridge, which illustrates the contrast of separation and joining resulting in the motto for the Landesgartenschau: "Paths into the Future".

L'exposition horticole 2000 du Land de Bavière a donné à la ville la possibilité de transformer définitivement en parc le terrain en friche »In der Neuen Welt«, ancien lieu d'excursions et de détente. Notre regard passe du plan d'eau récemment aménagé au pont d'autoroute qui, par sa situation, sépare et relie, et symbolise ainsi le thème de cette exposition: »les voies du futur«.

Von herbstlich vergoldeten Birken im Reichshain umrahmt, steht das Kempter Tor als gotischer Stadtausgang an der südlichen Stadtmauer. Gegen 1395 vollendet, ist es mit dem Ulmer Tor der Prototyp der einstigen Memminger Stadttore; die Uhr und das Glockentürmchen darüber geben dem jeweiligen Stadtviertel eine eigene Zeit.

The Gothic Kempter Tor, surrounded by autumnally gilded birch trees in the Reichshain, stands as an exit through the southern wall. Completed about 1395, it is, together with the Ulmer Tor, the prototype of Memmingen's former town gates. The clock and small belfry above tell the time for that particular quarter of the town.

Entourée des bouleaux du Reichshain dorés par l'automne, la porte de Kempten se dresse au sud de l'enceinte; terminée vers 1395, elle est, avec la porte d'Ulm, le prototype des portes de l'époque; l'horloge et le clocheton donnent l'heure au quartier.

Eine große Tanne aus den städtischen Waldungen läutet auf dem verschneiten Marktplatz die Weihnachtszeit ein. Festlich beleuchtet stehen das Steuerhaus und das Rathaus um den Christbaum herum und erzählen schneeverhangen von vergangenen Zeiten.

A tall fir-tree cut in the town forest announces the Christmas season on the snow-covered market-place. Festively illuminated, the Steuerhaus and Rathaus stand about the Christmas tree and, mantled in snow, reminisce of by-gone times.

Un grand sapin, provenant des forêts proches, annonce le temps de Noël sur la place du marché enneigée. Avec leurs illuminations de fête, la Steuerhaus et la mairie témoignent du passé.

Libera hæc Imperii Civitas jacet in Algovia non procul à fl. Ilara, 6. milliaribus ab
Ulma distat, in planitie et territorium satis amplum possidet. Magna est et non solum
opere, sed etiam naturali situ munita. Olim Comitibus Mergaviensibus subjecta fuisse
dicitur. Proscriptos Imperii in tutelam recipere potest, si modo justitiam adversus illos
administrat. Senatus civibusq; Religioni Evangelicæ sunt addicti, attamen etiam diversa
Monasteria in ea reperiuntur, quæ ut et templum Sti. Martini et B.V. Mariæ cum
Hospitali et Curia spectari merentur. Urbs, quæ frequens commercium texturis gos-
sypinis et papyro exercet, sin bello Gallo-Bavarico magnas calamitates pertulit, ab illo
tamen jugo per felix prælium Hochstadiense rursus liberata est—.

Dise freye Reichs-Statt
Ulm in einer Ebene, u
allein durch die Kuns
Grafen von Mergau
wann Sie nur die J
Evangelisch, doch gib
chen zu S. Martin und
Statt so einen grosen
vieler litten, ist aber doc

Cum Privil. Sacræ Cæsar. Majest.

Nº. 47.